에센스 이화 한국어

에센스 이화 한국어 1A (English Version)

지은이 이화여자대학교 언어교육원

펴낸날 1판 1쇄 2017년 1월 20일
2쇄 2018년 6월 15일

펴낸이 권은미 **펴낸곳** 이화여자대학교출판문화원
주소 서울특별시 서대문구 이화여대길 52(우 03760) **등록** 1954년 7월 6일 제9-61호
전화 02) 3277-2965(편집), 02) 362-6076(마케팅)
팩스 02) 312-4312 **전자우편** press@ewha.ac.kr **홈페이지** www.ewhapress.com
책임편집 이혜지 **디자인** design **Vita**, 김리영, 강임순 **번역** 조윤정, 홍영예 **일러스트** 양승용

ISBN 979-11-5890-186-8 18710
978-89-7300-875-9 (세트)
값 13,000원

* 사진 촬영에 협조해 주신 Van Den Peereboom Gilles E. M., Qiao Shanshan, Biernath Anne Madlen, Suzuki Makiko, Ishizawa Shinji, Saygi Kemal 씨, 이화여자대학교 언어교육원 학생들과 이화여자대학교 학생들에게 감사를 드립니다.
* 잘못된 책은 바꾸어 드립니다.

이 도서의 국립중앙도서관 출판예정도서목록(CIP)은 서지정보유통지원시스템 홈페이지(http://seoji.nl.go.kr)와 국가자료공동목록시스템(http://www.nl.go.kr/kolisnet)에서 이용하실 수 있습니다. (CIP제어번호 : 2017000275)

본 교재의 듣기 자료는 MP3 파일로 되어 있으며 이화여자대학교출판문화원 홈페이지(www.ewhapress.com) 자료실에서 무료로 내려받을 수 있습니다.

ESSENCE EWHA KOREAN

이화여자대학교 언어교육원 지음
Ewha Womans University
Ewha Language Center

에센스 이화 한국어

1A

English Version

EPRESS

책을 펴내면서

이화여자대학교 언어교육원에서 2010년에 발간한『이화 한국어(Ewha Korean)』는 지난 6여 년간 효율적이고 체계적인 학습으로 이끄는 한국어 교재로 인정받으며, 세계 각국에서 널리 사용되어 왔습니다. 그러나 이화여자대학교 언어교육원의 단기 과정과 같이 수업 시간이 길지 않은 과정에 적합한 교재가 필요하다는 생각으로 이화여자대학교 언어교육원에서는『이화 한국어(Ewha Korean)』의 핵심 내용을 모아 담은『에센스 이화 한국어(Essence Ewha Korean)』를 발간하게 되었습니다.

『에센스 이화 한국어(Essence Ewha Korean)』는『이화 한국어(Ewha Korean)』의 필수적인 내용을 모아 1권과 2권의 내용을 총 6권으로 나누어 편집하였습니다.『이화 한국어(Ewha Korean)』는 의사소통 중심의 교재로서 다양한 의사소통 상황 내에서 말하기 · 듣기 · 읽기 · 쓰기의 네 가지 언어 기능이 균형 있게 발전할 수 있도록 고안되었습니다.『에센스 이화 한국어(Essence Ewha Korean)』도『이화 한국어(Ewha Korean)』의 특징을 유지하며, 한국어를 처음 접하거나 학습 기간이 길지 않은 초급 학습자들이 한국어를 쉽고 재미있게 접할 수 있도록 구성하였습니다.

『에센스 이화 한국어(Essence Ewha Korean)』의 1A, 1B, 1C는 학습자의 요구와 편의를 고려하여 영어, 일본어, 중국어 간체와 번체로 번역을 넣어 4가지 버전으로 제작하였습니다. 반면 2A, 2B, 2C는 중급으로 가는 디딤돌의 역할을 할 수 있도록 번역 없이 한국어로 제작하였으며 문법 설명, 새 단어, 문화는 번역하여 부록으로 수록하였습니다. 앞으로『에센스 이화 한국어(Essence Ewha Korean)』가 한국어 초급 학습자들의 한국어 실력을 향상시키는 데에 지름길이 되는 교재로 활용될 것이라고 기대합니다.

마지막으로『에센스 이화 한국어(Essence Ewha Korean)』가 출간되기까지 이 책의 편집자들이 쏟은 열정과 노력에 대해서 깊은 감사를 드립니다. 또한 이 교재가 출판되는 데에 아낌없는 지원을 해 주신 이화여자대학교출판문화원에도 감사의 마음을 전합니다.

2017년 1월

이화여자대학교 언어교육원 원장

Preface

Ewha Korean which was published by Ewha Language Center in 2010 has been widely used all over the world while admitted as an effective and systematic Korean textbook. Nonetheless, we published *Essence Ewha Korean* which includes the core parts of *Ewha Korean* because there has been a strong need of a summarized version for a short-term course in Ewha Language Center.

Essence Ewha Korean is edited into 6 volumes extracting the fundamental parts from Volume 1 and 2 of *Ewha Korean*. *Ewha Korean* has been carefully designed to improve the four skills of listening, speaking, reading, and writing in a balanced way while providing a variety of communicative situations. *Essence Ewha Korean* is made up to help the beginners learn Korean more easily and enjoyably while maintaining the characteristics of *Ewha Korean*.

1A, 1B, and 1C of *Essence Ewha Korean* have been created into 4 versions by adding language support for English, Japanese, Simplified Chinese, and Traditional Chinese according to the learners' demand and for their convenience. On the contrary, 2A, 2B, and 2C have only the Korean version to carry out the role of a stepping stone to the intermediate level. We have included Grammar Explanation, New Vocabulary, Culture in a translated form in an appendix. Henceforth, *Essence Ewha Korean* will be a textbook which shows the beginners a short cut to success in Korean.

Finally, I want to express my deep appreciation to all the editors for their efforts, enthusiasm, and commitment devoted to publishing *Essence Ewha Korean*. I am also very grateful for the unstinting help and support from Ewha Womans University Press.

January 2017

Ewha Language Center Director

차례 Contents

교재 구성표 Table of Contents

내용 Contents

Part 2

말해 봅시다 Speaking	읽고 써 봅시다 Reading & Writing
자기소개하기 Introducing yourself 표현 국적 묻기 Asking someone's nationality 직업 묻기 Asking someone's occupation 상대방의 이야기를 듣고 반응하기 Responding to someone 발음 입니다[임니다]	자기소개의 글 읽고 쓰기 Reading and writing a self-introduction
수업 일정에 대해 말하기 Talking about the timetable 표현 날짜 묻기 Asking the date 요일 묻기 Asking the day of the week	동아리 안내문 읽고 쓰기 Reading and writing a notice about clubs
기숙사 시설 위치 알려 주기 Explaining where things are in the dormitory 표현 시설 위치 묻기 Asking the locations of facilities 부탁하기 Formal expression asking for good will 발음 있습니다[읻씀니다]	집 소개의 글 읽고 쓰기 Reading and writing the description of a house
스포츠센터 프로그램 정보 얻기 Getting information about programs at the sports center 표현 프로그램에 대해 묻기 Asking about programs 발음 여덟[여덜]	하루 일과에 대한 글 읽고 쓰기 Reading and writing about your daily schedule
주말 활동 이야기하기 Talking about weekend activities 표현 주말 활동에 대해 묻기 Asking people how they spend the weekend 부러움 표현하기 Expressing envy 발음 같이[가치]	주말 활동에 대한 글 읽고 쓰기 Reading and writing about weekend activities
길 묻기 Asking for directions 표현 길 묻기 Asking for directions 감사 표현하기 Expressing gratitude	초대의 글 읽고 쓰기 Reading and writing an invitation

교재 구성과 사용법 How to Use This Book

- 『에센스 이화 한국어 1A』는 준비과~6과로 구성되어 있습니다.
  Essence Ewha Korean 1A covers Preparation Unit and Units 1~6.

- 준비과 '한국어와 한글'은 한글 자모를 읽히고 한국어 문장 구성을 익히는 기초 단원입니다.
  Preparation Unit "The Korean Language and Hangeul" gives a basic introduction to Korean alphabet and the structure of Korean sentences.

- 1과부터 각 단원은 Part 1, 2로 구성되어 있습니다. Part 1은 문법, 어휘를 학습하는 부분이며 Part 2는 듣기, 말하기, 읽기, 쓰기를 학습하는 부분입니다.
  From Unit 1, each chapter is divided into two parts: Part 1 and Part 2. Part 1 covers grammar and vocabulary, and Part 2 listening, speaking, reading and writing.

단원 구성 Composition of Units

단원 표지 Unit cover page

사진 자료로 단원의 내용을 알 수 있도록 보여 줍니다.
Photos are used to indicate the contents of the unit.

단원의 학습 내용과 목표를 알려 줍니다.
The contents and learning goals of each unit are explained.

Part1

'준비합시다'와 '어휘'로 구성되어 있습니다. '준비합시다'에서 3개의 문법을 학습해 보고, '어휘'에서는 각 단원 주제에 맞는 기본 어휘들을 학습합니다.

This part consists of preparation(준비합시다) and vocabulary(어휘) sections. The preparation section gives practice in 3 grammar points and the vocabulary section presents key words related to the unit.

문법을 학습하기 전에 학생이 문법의 쓰임과 의미에 대해 생각해 볼 수 있도록 간단한 질문을 제시했습니다.
Before studying grammar students are given simple questions that prompt them to think about grammar usage and meaning.

상황이 있는 그림과 예문으로 문법이 언제, 어떻게 사용되는지를 알려 줍니다.
Points on application of grammar including where and how it is used are shown through pictures and examples.

문법의 의미(쓰임)를 명확하게 알 수 있도록 설명을 제시했으며, 형태 정보를 도식화하여 간략하게 보여 주고 예를 제시했습니다. (N=명사, A=형용사, V=동사)
The meaning(usage) of grammar points is clearly explained, and information on forms is simply explained in diagram form with examples. (N=Noun, A=Adjective, V=Verb)

문법 연습을 말하기 활동으로 제시했습니다. 연습 방법을 알 수 있도록 번역된 지시문과 <보기>를 제시했습니다.
Grammar practice is given through speaking tasks. Instructions in the English translation and examples are given.

단원 주제와 관련된 어휘들을 그림과 함께 제시했습니다.
Key words related to the unit are given with pictures.

Part2

'들어 봅시다', '말해 봅시다', '읽고 써 봅시다'로 구성되어 있습니다.

This part consists of the listening(들어 봅시다), the speaking(말해 봅시다), and the reading & writing(읽고 써 봅시다) sections.

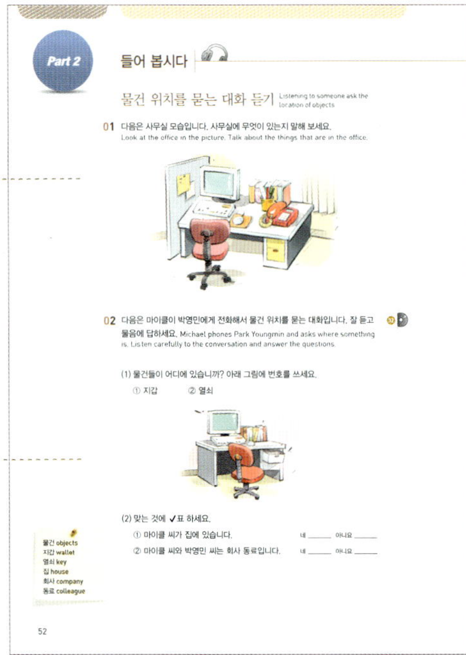
Part 2
들어 봅시다
물건 위치를 묻는 대화 듣기 Listening to someone ask the location of objects
01 다음은 사무실 모습입니다. 사무실에 무엇이 있는지 말해 보세요.
Look at the office in the picture. Talk about the things that are in the office.
02 다음은 마이클이 박영민에게 전화해서 물건 위치를 묻는 대화입니다. 잘 듣고 물음에 답하세요. Michael phones Park Youngmin and asks where something is. Listen carefully to the conversation and answer the questions.
(1) 물건들이 어디에 있습니까? 아래 그림에 번호를 쓰세요.
① 지갑 ② 열쇠
(2) 맞는 것에 ✓표 하세요.
① 마이클 씨가 집에 있습니다. 네 ___ 아니요 ___
② 마이클 씨와 박영민 씨는 회사 동료입니다. 네 ___ 아니요 ___
물건 objects
지갑 wallet
열쇠 key
집 house
회사 company
동료 colleague
52

듣기 전 단계에서 활용하는 상황 그림과 질문입니다. 들을 내용을 예측하고, 어휘나 표현을 확인하는 데 도움이 됩니다.

These pictures and questions explain the listening situation. They give the students an idea of what to expect in the listening dialogue and check vocabulary and expressions.

듣기 단계에서 활용할 이해 확인 문제입니다. 무엇에 중점을 두고 들어야 하는지를 안내해 줍니다.

These questions test the students' understanding of the listening situation. They guide the students to the key points.

말해 봅시다
자기소개하기 Introducing yourself
여러분은 오늘 학교에서 처음 만났습니다. 서로에게 자신을 소개하고 궁금한 것을 물어보세요. You have met each other at school today for the first time. Introduce yourselves and ask questions about each other.
Try it!
말풍선을 따라 대화를 구성해 보세요.
Look at the speech balloons and make up a dialogue.
나타샤 Russian, housewife
티엔 Vietnamese, student
1. 인사하기 / 이름 소개하기
안녕하세요 저 : 나타샤
안녕하세요 저 : 티엔
2. 국적 묻기
어느 나라 사람?
베트남 사람
3. 직업 묻기
아, 그래요? 저 : 러시아 사람
무슨 일 : 하다?
4. 인사하기
저 : 주부 만나서 반갑다
저도 만나서 반갑다
33

말하기 과제의 내용, 상황, 대화자의 역할을 그림과 설명으로 제시했습니다.

For the speaking tasks the content, situation and roles of speakers are explained with pictures.

모범 대화문을 학습하기 전에 주어진 역할에 맞게 대화를 만들어 보는 연습입니다. 말풍선에 제시된 핵심어를 보면서 두 사람이 대화를 만들어 봅니다. Try it은 암기에 의존하지 않고 스스로 대화를 주도하면서 구성하는 능력을 길러 줍니다.

Before studying the given dialogue students practice making up their own according to given roles. The students make up a conversation in the speech balloons following key instructions. "Try it" encourages students to speak without relying on memorization.

대화의 흐름과 주요 내용을 알려 주는 것으로 담화에 대한 이해력, 구성 능력을 길러 줍니다.

Students' understanding of dialogue and speaking ability is fostered by explaining the flow and major contents of the dialogue.

말하기 과제 수행에 필요한 기능 표현입니다. 살아 있는 표현들이므로 실생활에서 유용하게 사용할 수 있습니다.
Key expressions needed to carry out the speaking task are given. These expressions are useful in everyday life.

모범 대화문입니다.
Sample dialogue.

대화문에 포함된 주의할 발음에 대해 설명과 예를 제시했습니다.
Explanations of pronunciation in the dialogue and examples are given.

교실에서 사용할 수 있는 확장 연습을 제시했습니다. 상황에 맞게 변형하여 활용할 수 있습니다.
Suggestions for further practice are given. The points can be adapted to various situations.

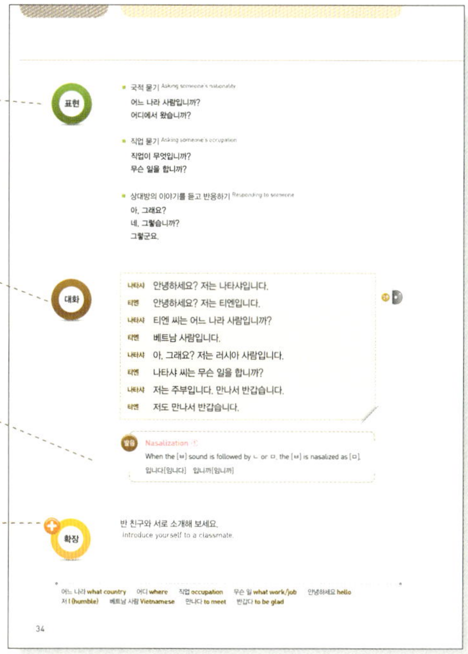
표현
■ 국적 묻기 Asking someone's nationality
어느 나라 사람입니까?
어디에서 왔습니까?
■ 직업 묻기 Asking someone's occupation
직업이 무엇입니까?
무슨 일을 합니까?
■ 상대방의 이야기를 듣고 반응하기 Responding to someone
아, 그래요?
네, 그렇습니까?
그렇군요.

대화
나타샤 안녕하세요? 저는 나타샤입니다.
티엔 안녕하세요? 저는 티엔입니다.
나타샤 티엔 씨는 어느 나라 사람입니까?
티엔 베트남 사람입니다.
나타샤 아, 그래요? 저는 러시아 사람입니다.
티엔 나타샤 씨는 무슨 일을 합니까?
나타샤 저는 주부입니다. 만나서 반갑습니다.
티엔 저도 만나서 반갑습니다.

발음 Nasalization
When the [ㅂ] sound is followed by ㄴ or ㅁ, the [ㅂ] is nasalized as [ㅁ].
입니다[임니다] 입니까[임니까]

확장
반 친구와 서로 소개해 보세요.
Introduce yourself to a classmate.

어느 나라 what country 어디 where 직업 occupation 무슨 일 what work/job 안녕하세요 hello
저 I (humble) 베트남 사람 Vietnamese 만나다 to meet 반갑다 to be glad

34

읽기 전 단계에서 활용하는 활동입니다. 주제와 관련된 정보를 얻고, 어휘나 표현을 확인하는 데 도움이 됩니다.
This exercise gives students information related to the reading task and helps check vocabulary and key expressions.

다양한 유형의 글을 읽기 자료로 제시했습니다.
Various types of texts are presented as reading material.

읽기 단계에서 활용할 이해 확인 문제입니다.
These questions test the students' understanding of the reading material.

읽기 학습을 쓰기로 연결한 활동입니다. 읽은 글과 유사한 종류의 글을 써 보는 연습입니다.
This exercise links reading with writing. Students practice writing a passage similar to the one they have just read.

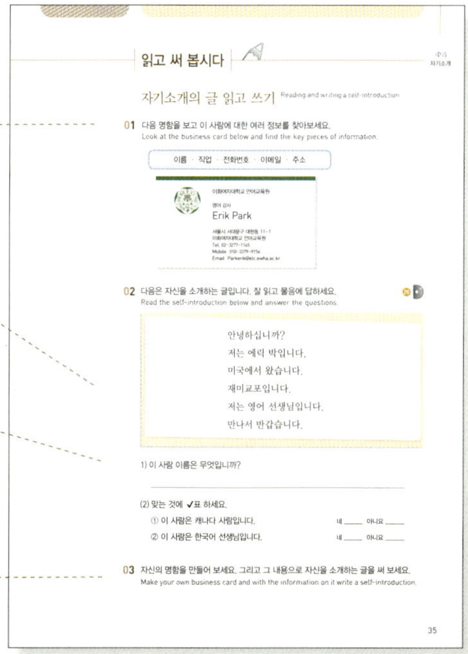
읽고 써 봅시다
자기소개
자기소개의 글 읽고 쓰기 Reading and writing a self-introduction

01 다음 명함을 보고 이 사람에 대한 여러 정보를 찾아보세요.
Look at the business card below and find the key pieces of information.
이름 · 직업 · 전화번호 · 이메일 · 주소

이화여자대학교 언어교육원
영어 강사
Erik Park
서울시 서대문구 대현동 11-1
이화여자대학교 언어교육원
Tel. 02-3277-1145
Mobile 010-3379-9154
Email Parkerik@elc.ewha.ac.kr

02 다음은 자신을 소개하는 글입니다. 잘 읽고 물음에 답하세요.
Read the self-introduction below and answer the questions.

안녕하십니까?
저는 에릭 박입니다.
미국에서 왔습니다.
재미교포입니다.
저는 영어 선생님입니다.
만나서 반갑습니다.

1) 이 사람 이름은 무엇입니까?

(2) 맞는 것에 ✓표 하세요.
① 이 사람은 캐나다 사람입니다. 네 ____ 아니요 ____
② 이 사람은 한국어 선생님입니다. 네 ____ 아니요 ____

03 자신의 명함을 만들어 보세요. 그리고 그 내용으로 자신을 소개하는 글을 써 보세요.
Make your own business card and with the information on it write a self-introduction.

35

준비과

한국어와 한글

Korean and Hangeul

준비과 한국어와 한글 Korean and Hangeul

Part 1 한국어와 한글 소개
Introducing the Korean language and Hangeul

Part 2 한글 익히기
Learning Hangeul

1 모음 Vowels

2 자음 Consonants

3 받침 Final consonants

문장 만들기
Sentence building

Part 1

한국어와 한글 소개 Introducing the Korean language and Hangeul

The Creation of Hangeul

Hangeul was created in 1443 by Sejong the Great, the fourth king of the Joseon Dynasty and was distributed to be widely used in 1446. There were difficulties in creating and distributing Hangeul because some of the aristocrats were against the creation of new characters, insisting that it would be disruptive to learning and harmful to politics as well. Before Hangeul was created, the sound and meaning of Chinese characters had been adjusted to make it easier for Korean people to use. However, King Sejong created a whole new language system so that the people who were not able to learn difficult Chinese characters could easily use.

The Principles of Hangeul Letter Design

The Korean alphabet consists of 21 vowels and 19 consonants, for a total of 40 letters.

Consonants	ㄱ	ㄴ	ㄷ	ㄹ	ㅁ	ㅂ	ㅅ	ㅇ	ㅈ	
	ㅊ	ㅋ	ㅌ	ㅍ	ㅎ	ㄲ	ㄸ	ㅃ	ㅆ	ㅉ
Vowels	ㅏ	ㅑ	ㅓ	ㅕ	ㅗ	ㅛ	ㅜ	ㅠ	ㅡ	ㅣ
	ㅐ	ㅒ	ㅔ	ㅖ	ㅘ	ㅙ	ㅚ	ㅝ	ㅞ	ㅟ	ㅢ

Vowels

The 3 basic vowel letters ·, ㅡ and ㅣ which represent heaven, earth, and human beings, respectively, were created first and then ㅏ, ㅓ, ㅗ and ㅜ were made by combining these 3 vowels. The vowels ㅑ, ㅕ, ㅛ and ㅠ were subsequently made by adding · to ㅏ, ㅓ, ㅗ, and ㅜ. The rest of the vowels, such as ㅘ, ㅝ, ㅙ, ㅞ were formed through combinations of existing vowels.

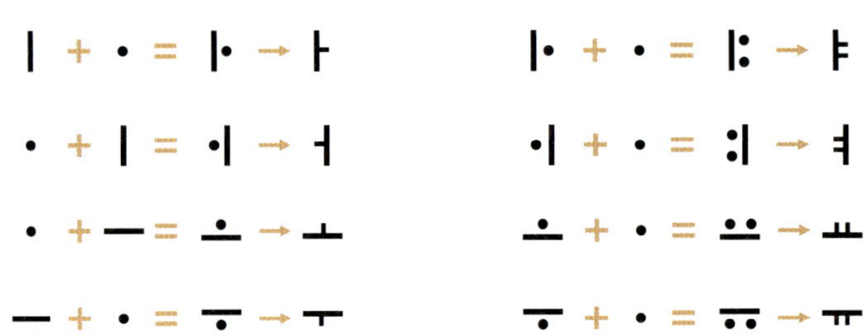

Consonants

The basic consonants ㄱ, ㄴ, ㅁ, ㅅ and ㅇ were made by imitating the shapes of the lips, tongue, or throat of a person when pronouncing each letter. The remaining consonants were made by adding strokes to the basic consonants or doubling them.

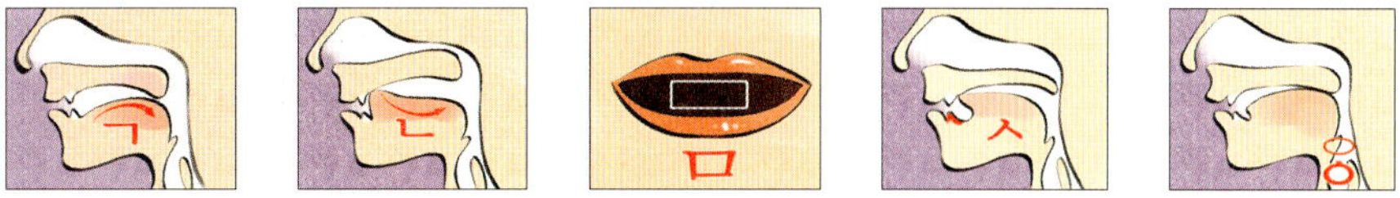

ㄱ	ㄴ	ㅁ	ㅅ	ㅇ
	ㄷ ㄹ	ㅂ	ㅈ	ㅎ
ㅋ	ㅌ	ㅍ	ㅊ	
ㄲ	ㄸ	ㅃ	ㅆ ㅉ	

Hangeul and the Structure of Syllables

Each Hangeul character is a syllabic block made up of both consonants and vowels. A consonant is found in the initial and the final position of the character and vowel in the medial position. The ordering of consonants and vowels is indicated in the diagram below.

Consonants + Vowels

가, 버

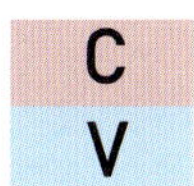

보, 수

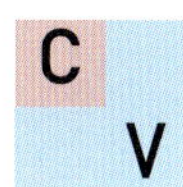

과, 뒤

Consonants + Vowels + Consonants

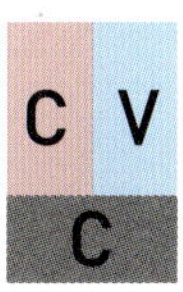

책, 빵

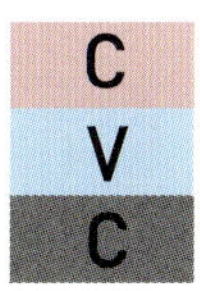

속, 문

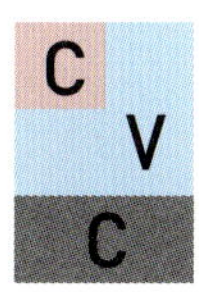

꽉, 활

한글 익히기 Learning Hangeul

01 모음 Vowels

There are 21 vowels in Hangeul, 10 simple vowels and 11 compound vowels made of a combination of simple vowels.

Letter	Name	Phonetic value	Stroke order	Letter	Name	Phonetic value	Stroke order
ㅏ	아	[a]	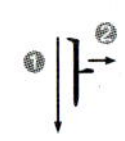	ㅑ	야	[ja]	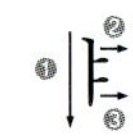
ㅓ	어	[ə]	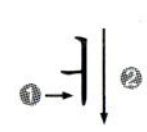	ㅕ	여	[jə]	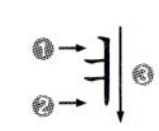
ㅗ	오	[o]	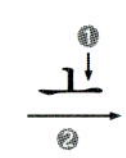	ㅛ	요	[jo]	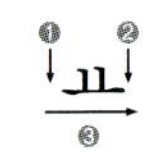
ㅜ	우	[u]	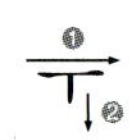	ㅠ	유	[ju]	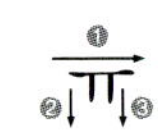
ㅡ	으	[ɨ]		ㅣ	이	[i]	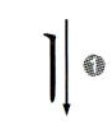
ㅐ	애	[ɛ]		ㅒ	얘	[jɛ]	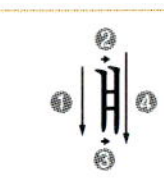
ㅔ	에	[e]	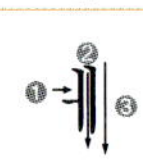	ㅖ	예	[je]	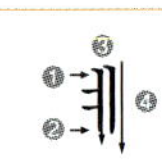
ㅘ	와	[wa]	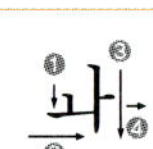	ㅙ	왜	[wɛ]	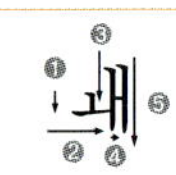
ㅚ	외	[we]		ㅝ	워	[wə]	
ㅞ	웨	[wø]		ㅟ	위	[wi]	
ㅢ	의	[ɨi]	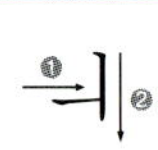				

Tip
1) ㅐ 와 ㅔ: Though their pronunciation is different, [ɛ] and [e] respectively, often no distinction is made between the two in ordinary speech.
2) ㅙ, ㅚ, ㅞ: Though the pronunciation of each is a little different, [wɛ], [we] or [wø] often no distinction is made in ordinary speech.

In all words and sentences the meaning changes according to the spelling, so care must be taken in writing the above vowels.

연습

1. Listen and choose the correct answer.

(1) ① 아 ② 어 ③ 오 (2) ① 여 ② 요 ③ 유

(3) ① 오 ② 어 ③ 으 (4) ① 으 ② 이 ③ 여

(5) ① 요 ② 오 ③ 우 (6) ① 어 ② 오 ③ 요

(7) ① 워 ② 외 ③ 웨 (8) ① 에 ② 예 ③ 왜

(9) ① 위 ② 와 ③ 의 (10) ① 예 ② 외 ③ 워

2. Read and write the following words.

Word		Practice		
오		오		
이		이		
오이		오이		
아이		아이		
우유		우유		
여우		여우		
위		위		
왜		왜		

한글 익히기 Learning Hangeul

02 자음 Consonants

There are 19 consonants in Hangeul, 14 simple consonants(ㄱ, ㄴ, ㄷ, ㄹ, ㅁ, ㅂ, ㅅ, ㅇ, ㅈ, ㅊ, ㅋ, ㅌ, ㅍ, ㅎ) and 5 double consonants(ㄲ, ㄸ, ㅃ, ㅆ, ㅉ) made by doubling the simple consonants.

Letter	Name	Phonetic value	Stroke order	Letter	Name	Phonetic value	Stroke order
ㄱ	기역	[k] [g]		ㄴ	니은	[n]	
ㄷ	디귿	[t] [d]	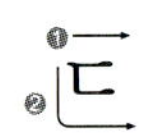	ㄹ	리을	[r] [l]	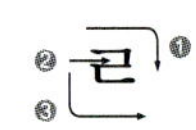
ㅁ	미음	[m]	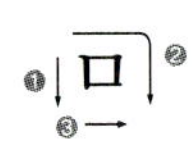	ㅂ	비읍	[p] [b]	
ㅅ	시옷	[s] [sh]		ㅇ	이응	-	
ㅈ	지읒	[c]		ㅊ	치읓	[c^h]	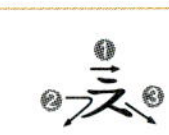
ㅋ	키읔	[k^h]		ㅌ	티읕	[t^h]	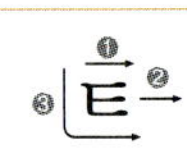
ㅍ	피읖	[p^h]	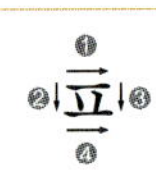	ㅎ	히읗	[h]	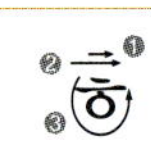
ㄲ	쌍기역	[kk]		ㄸ	쌍디귿	[tt]	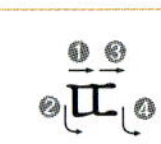
ㅃ	쌍비읍	[pp]		ㅆ	쌍시옷	[ss]	
ㅉ	쌍지읒	[cc]					

연습

1. Listen carefully and repeat. 5

가 나 다 라 마 바 사
아 자 차 카 타 파 하
까 따 빠 싸 짜

2. Read and write the following words. 6

Word	Practice		
나무 	나무		
바지 	바지		
허리 	허리		
구두 	구두		
비누 	비누		
토끼 	토끼		
찌개 	찌개		
코끼리 	코끼리		
쓰다 	쓰다		
예쁘다 	예쁘다		
차다 	차다		

한글 익히기 Learning Hangeul

03 받침 Final consonants

All consonants can be used as final consonants except ㄸ, ㅃ, ㅉ.

Final consonant	Sound	Word example
ㄱ, ㅋ, ㄲ	[k]	책, 식사, 부엌, 밖, 섞다
ㄴ	[n]	산, 문, 손, 눈, 편지
ㄷ, ㅅ, ㅈ, ㅊ, ㅌ, ㅎ, ㅆ	[t]	듣다, 옷, 낮, 꽃, 끝, 파랗다, 있다
ㄹ	[l]	길, 말, 술, 쌀
ㅁ	[m]	밤, 몸, 삼, 솜
ㅂ, ㅍ	[p]	밥, 입, 잡다, 앞, 덮다
ㅇ	[ŋ]	강, 공, 방, 종, 총, 강아지

There are only seven sounds [ㄱ], [ㄴ], [ㄷ], [ㄹ], [ㅁ], [ㅂ], [ㅇ] that can be pronounced as final consonants. You should not release the air from your mouth when pronouncing final consonants.

Combined consonants such as ㄳ, ㄵ, ㄶ, ㄼ, ㄽ, ㄾ, ㅀ, ㅄ, ㄺ, ㄻ, ㄿ can be also used as final consonants.

Pronounced as the first consonant Word	ㄳ	[k]	넋
	ㄵ, ㄶ	[n]	앉다, 많다
	ㄼ, ㄽ, ㄾ, ㅀ	[l]	넓다, 외곬, 핥다, 앓다
	ㅄ	[p]	없다
Pronounced as the second consonant	ㄺ	[k]	읽다
	ㄻ	[m]	삶
	ㄼ, ㄿ	[p]	밟다, 읊다

Combined consonants are pronounced as either the sound of the first consonant or that of the second consonant, as indicated in the table above.

연습

1. Listen and choose the correct answer.

(1) ① 삼 ② 산 ③ 상 (2) ① 말 ② 만 ③ 맛

(3) ① 꽃 ② 꼭 ③ 꽁 (4) ① 밖 ② 밭 ③ 밥

(5) ① 밥 ② 방 ③ 반 (6) ① 길 ② 김 ③ 긴

2. Read and write the following words.

Word	Practice	Word	Practice
책 		부엌 	
밖 		산 	
듣다 		옷 	
낮 		꽃 	
끝 		말 	
섬 		몸 	
밥 		앞 	
공 		방 	

Tip The letter 'ㄹ' in Korean is pronounced either [r] or [l].
1) Between two vowels it is pronounced as [r]. ex) 소리[sori]
2) In other cases it is pronounced as [l]. ex) 말[mal]

문장 만들기 Sentence building

Sentence building

Korean sentences are composed of 'subject + verb' or 'subject + object + verb.' The subject is indicated by the subject marker 이 or 가 and the object is indicated by the object marker 을 or 를. Sometimes the order of subject and object in a sentence is reversed, and in situations where the subject can be surmised it is often omitted.

아이가	잡니다.
subject	verb

제임스가	커피를	마십니다.
subject	object	verb

The verb takes on various forms in the sentence. The verb forms are composed of a verb stem and an ending. For example, 가다 meaning 'to go' is composed of the stem 가- and the ending 다. Other endings are used to produce forms such as 가요, 갑니다, 갑니까, 갔습니다, 가겠습니다, 가세요 to express honorific use, tense, and mood. The rich variety of word stems and endings is a distinctive feature of the Korean language.

요코가 옵니다. Yoko is coming.

요코가 옵니까? Is Yoko coming?

요코가 왔습니까? Has Yoko come?

연습

1. Listen and choose the correct answer.

11

(1) ① 선생님이 갑니다. The teacher goes.
② 선생님이 갑니까? Does the teacher go?

(2) ① 제임스가 사과를 먹습니다. James eats an apple.
② 제임스가 바나나를 먹습니다. James eats a banana.

(3) ① 아이가 공부합니다. The child studies.
② 아이가 공부했습니다. The child studied.

(4) ① 돈이 있어요? Do you have money?
② 돈이 있어요. I have money.

2. Read the following sentences.

12

(1) 친구가 한국어를 공부합니다. My friend studies Korean.

(2) 아이가 빵을 좋아합니다. The child likes bread.

(3) 수지가 커피를 마십니다. Susie drinks coffee.

(4) 친구가 옵니다. My friend comes.

3. Use the following words to write sentences.

13

(1) 학생이 / 읽습니다 / 책을 a student / read / a book
→ 학생이 책을 읽습니다.

(2) 먹습니다 / 한국 사람이 / 김치를 eat / Koreans / kimchi
→ 한국 사람이 김치를 먹습니다.

(3) 선생님이 / 학생을 / 만납니다 a teacher / a student / meet
→ 선생님이 학생을 만납니다.

(4) 개가 / 갑니다 a dog / goes
→ 개가 갑니다.

제1과

자기소개

Self-introduction

제1과 자기소개 Self-introduction

Part 1

준비합시다 1	입니다, 입니까
준비합시다 2	은/는
준비합시다 3	수 ①
어휘	나라 Nations

Part 2

들어 봅시다	전화번호를 묻는 대화 듣기 Listening to someone ask for a phone number
말해 봅시다	자기소개하기 Introducing yourself
읽고 써 봅시다	자기소개의 글 읽고 쓰기 Reading and writing a self-introduction

Part 1

준비합시다

01 입니다, 입니까

(14)

사물이나 사람의 이름을 알려 주거나 물을 때 어떻게 말할까요?
How do we ask or give the names of people or objects?

한국어 책입니다.

A 선생님입니까?

B 네, 선생님입니다.

문법

N + 입니다, 입니까

입니다 is an honorific expression indicating an object, the name of a person or nationality. The question form is 입니까.

consonant + 입니다	예 책상입니다	vowel + 입니다	예 전화입니다
consonant + 입니까	예 책상입니까	vowel + 입니까	예 전화입니까

연습

다음 물건이 무엇인지 친구들과 서로 묻고 대답해 보세요.
With your classmates ask and give the names of the following objects.

보기

사전

A 사전입니까?

B 네, 사전입니다.

①

책상

②

의자

③

가방

④

공책

⑤

전화

⑥

연필

- 한국어 Korean language
- 책 book
- 선생님 teacher
- 네 yes
- 사전 dictionary
- 책상 desk
- 의자 chair
- 가방 bag
- 공책 notebook
- 전화 phone
- 연필 pencil

02 은/는

15

사람이나 사물을 화제로 하여 소개할 때 어떻게 말할까요?
How do we introduce a person or object as the topic of a conversation?

김수진은 한국 사람입니다.

김수진은 학생입니다.

문법

N + 은/는

은/는 is a particle that indicates the topic of a sentence.

consonant + 은 예 마이클은, 선생님은

vowel + 는 예 요코는, 의자는

연습

다음 사람들의 국적, 직업을 말해 보세요.
Give the nationalities and occupations of the following people.

보기 마이클

미국 사람/회사원

마이클은 미국 사람입니다.
마이클은 회사원입니다.

① 요코

일본 사람/학생

② 장민수

한국 사람/은행원

③ 소피

프랑스 사람/영화배우

④ 나타샤

러시아 사람/주부

⑤ 바트

몽골 사람/요리사

⑥ 크리스

호주 사람/의사

- 한국 사람 Korean
- 학생 student
- 미국 사람 American
- 회사원 office worker
- 일본 사람 Japanese
- 은행원 bank employee
- 프랑스 사람 French
- 영화배우 actor
- 러시아 사람 Russian
- 주부 housewife
- 몽골 사람 Mongolian
- 요리사 cook
- 호주 사람 Australian
- 의사 (medical) doctor

03 수 ①

전화번호, 자동차 번호 등의 숫자를 어떻게 읽을까요?
How are phone numbers, car registration numbers etc. expressed in Korean?

공일공 삼칠구일 칠이팔사

십칠

이구육육

수 Numbers (0~20)

0	1	2	3	4	5	6	7	8	9	10
공, 영	일	이	삼	사	오	육	칠	팔	구	십
	11	12	13	14	15	16	17	18	19	20
	십일	십이	십삼	십사	십오	십육	십칠	십팔	십구	이십

연습

전화번호를 묻고 대답해 보세요.
Ask for and give each other's phone numbers.

보기

마이클
010-2370-8845

① 요코 010-4353-9977
② 나타샤 011-2801-6689
③ 김수진 ☎ 02-3374-9765
④ 박영민 ☎ 031-228-1705
⑤ 왕카이 ☎ 070-276-3581
⑥ 서울여행사 1588-1177

A 마이클 씨 전화번호는 무엇입니까?
B 공일공에 이삼칠공에 팔팔사오입니다.

- 전화번호 phone number
- 무엇 what
- 여행사 travel agency

어휘

나라 Nations

17

한국

독일

러시아

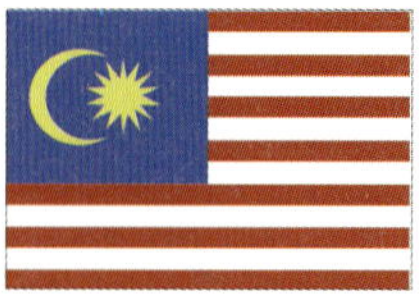
말레이시아

몽골

미국

베트남

스페인

영국

일본

중국

캐나다

태국

프랑스

필리핀

호주

Part 2

들어 봅시다

전화번호를 묻는 대화 듣기 Listening to someone ask for a phone number

01 다음은 어디입니까? 교실, 사무실은 몇 호인지 말해 보세요.
Where is the student in the picture below? What is the room number of the classroom and the office?

02 다음은 친구에게 선생님 사무실과 전화번호를 물어보는 대화입니다. 잘 듣고 물음에 답하세요. A friend is asking where the teacher's office is and his/her phone number. Listen carefully to the conversation and answer the questions. 18

(1) 김 선생님 사무실은 어디입니까?

① 3층 6호 ② 3층 13호 ③ 2층 8호 ④ 2층 12호

(2) 김 선생님 전화번호는 무엇입니까? ☎ ____________________

표현

■ 감사 표현하기 Saying thank you

고맙습니다. **감사합니다.** **고마워요.**

■ 층, 호수 묻기 Asking which floor, what number

A: 교실은 몇 층입니까?
B: 5층입니다.

A: 교실은 몇 호입니까?
B: 14호입니다.

- 사무실 office
- 층 floor
- 호 number
- 고맙다 to thank (you)
- 교실 classroom

말해 봅시다

자기소개하기 Introducing yourself

여러분은 오늘 학교에서 처음 만났습니다. 서로에게 자신을 소개하고 궁금한 것을 물어보세요. You have met each other at school today for the first time. Introduce yourselves and ask questions about each other.

Try it!

말풍선을 따라 대화를 구성해 보세요.
Look at the speech balloons and make up a dialogue.

나타샤 Russian, housewife	티엔 Vietnamese, student

1. 인사하기 / 이름 소개하기

나타샤: 안녕하세요 / 저 | 나타샤

티엔: 안녕하세요 / 저 | 티엔

2. 국적 묻기

나타샤: 어느 나라 사람?

티엔: 베트남 사람

3. 직업 묻기

나타샤: 아, 그래요? / 저 | 러시아 사람

티엔: 무슨 일 | 하다?

4. 인사하기

나타샤: 저 | 주부 / 만나서 반갑다

티엔: 저도 만나서 반갑다

표현

■ 국적 묻기 Asking someone's nationality

어느 나라 사람입니까?
어디에서 왔습니까?

■ 직업 묻기 Asking someone's occupation

직업이 무엇입니까?
무슨 일을 합니까?

■ 상대방의 이야기를 듣고 반응하기 Responding to someone

아, 그래요?
네, 그렇습니까?
그렇군요.

대화

19

나타샤 안녕하세요? 저는 나타샤입니다.
티엔 안녕하세요? 저는 티엔입니다.
나타샤 티엔 씨는 어느 나라 사람입니까?
티엔 베트남 사람입니다.
나타샤 아, 그래요? 저는 러시아 사람입니다.
티엔 나타샤 씨는 무슨 일을 합니까?
나타샤 저는 주부입니다. 만나서 반갑습니다.
티엔 저도 만나서 반갑습니다.

발음 **Nasalization ①**

When the [ㅂ] sound is followed by ㄴ or ㅁ, the [ㅂ] is nasalized as [ㅁ].

입니다[임니다] 입니까[임니까]

확장

반 친구와 서로 소개해 보세요.
Introduce yourself to a classmate.

· 어느 나라 **what country** · 어디 **where** · 직업 **occupation** · 무슨 일 **what work/job** · 안녕하세요 **hello**
· 저 **I (humble)** · 베트남 사람 **Vietnamese** · 만나다 **to meet** · 반갑다 **to be glad**

읽고 써 봅시다

자기소개의 글 읽고 쓰기 Reading and writing a self-introduction

01 다음 명함을 보고 이 사람에 대한 여러 정보를 찾아보세요.
Look at the business card below and find the key pieces of information.

이름 · 직업 · 전화번호 · 이메일 · 주소

이화여자대학교 언어교육원

영어 강사
Erik Park

서울시 서대문구 대현동 11-1
이화여자대학교 언어교육원
Tel. 02-3277-1145
Mobile 010-3379-9154
Email Parkerik@elc.ewha.ac.kr

02 다음은 자신을 소개하는 글입니다. 잘 읽고 물음에 답하세요.
Read the self-introduction below and answer the questions.

안녕하십니까?
저는 에릭 박입니다.
미국에서 왔습니다.
재미교포입니다.
저는 영어 선생님입니다.
만나서 반갑습니다.

1) 이 사람 이름은 무엇입니까?

____

(2) 맞는 것에 ✔표 하세요.

① 이 사람은 캐나다 사람입니다. 네 ______ 아니요 ______

② 이 사람은 한국어 선생님입니다. 네 ______ 아니요 ______

- 이름 **name**
- 이메일 **email**
- 주소 **address**
- 재미교포 **Korean-American**
- 영어 **English**

03 자신의 명함을 만들어 보세요. 그리고 그 내용으로 자신을 소개하는 글을 써 보세요.
Make your own business card and with the information on it write a self-introduction.

제2과

즐거운 학교생활

Fun School Life

제2과 즐거운 학교생활 Fun School Life

Part 1

준비합시다 1	-습니다, -습니까
준비합시다 2	이/가
준비합시다 3	을/를
어휘	학교생활 School Life

Part 2

들어 봅시다	한국 생활에 대한 대화 듣기 Listening to a conversation about life in Korea
말해 봅시다	수업 일정에 대해 말하기 Talking about the timetable
읽고 써 봅시다	동아리 안내문 읽고 쓰기 Reading and writing a notice about clubs

Part 1

준비합시다

01 -습니다, -습니까

21

사람들이 무엇을 하는지 묻고 답하거나, 사물이 어떠한지 묻고 답할 때 어떻게 말할까요?
How do we ask and answer questions about what people are doing or what they think of an object?

A 요코 씨, 공부합니까?
B 네, 공부합니다.

A 재미있습니까?
B 네, 재미있습니다.

문법

A/V + 습니다, 습니까

-습니다 is an honorific ending used after an adjective or verb to state a fact or one's thoughts. The question form is 습니까.

consonant + 습니다, 습니까　예 먹습니다, 먹습니까
vowel, ㄹ + ㅂ니다, ㅂ니까　예 공부합니다, 공부합니까, 삽니다, 삽니까

연습

다음 그림을 보고 묻고 대답해 보세요.
Look at the pictures and ask and answer the questions.

보기

자다

A 잡니까?
B 네, 잡니다.

①

운동하다

②

먹다

③

전화하다

④

쉬다

⑤

비싸다

⑥

맛있다

- 공부하다 to study
- 재미있다 to be fun
- 먹다 to eat
- 살다 to live
- 자다 to sleep
- 운동하다 to exercise
- 전화하다 to make a phone call
- 쉬다 to take a rest
- 비싸다 to be expensive
- 맛있다 to be delicious

02 이/가

22

누가 전화를 합니까? 무엇이 많습니까?
Who is on the telephone? What is there a lot of?

요코가 전화합니다.

책이 많습니다.

문법

N + 이/가

이/가 is a particle that indicats the subject of a sentence.

consonant + 이 　예 학생이, 마이클이
vowel + 가 　예 친구가, 아이가

연습

다음 그림을 보고 문장을 만들어 보세요.
Look at the pictures and write a sentence following the given example.

보기

영화/재미없다

영화가 재미없습니다.

①

요코/자다

②

미셸/가다

③

아이/오다

④

빵/맛있다

⑤

모자/싸다

⑥

바지/작다

- 많다 **to be a lot of**
- 친구 **friend**
- 아이 **child**
- 영화 **movie**
- 재미없다 **to be boring**
- 가다 **to go**
- 오다 **to come**
- 빵 **bread**
- 모자 **hat**
- 싸다 **to be cheap**
- 바지 **pants**
- 작다 **to be small**

03 을/를

(23)

요코가 무엇을 듣습니까? 마이클이 무엇을 공부합니까?
What does Yoko listen to? What does Michael study?

요코가 음악을 듣습니다. **마이클이 한국어를 공부합니다.**

문법

N + 을/를

을/를 is a particle that indicats the object of a sentence.

consonant + 을 예 책을
vowel + 를 예 우유를

연습

다음 그림을 보고 묻고 대답해 보세요.
Look at the following pictures and ask and answer the questions.

보기 미셸

김밥/먹다

① 마이클

영화/보다

② 나타샤

신문/읽다

③ 요코

옷/입다

④ 진차오

커피/마시다

⑤ 티엔

친구/기다리다

⑥ 리처드

컴퓨터/배우다

A 미셸이 무엇을 합니까?
B 김밥을 먹습니다.

- 음악 music
- 듣다 to listen
- 우유 milk
- 김밥 gimbab
- 보다 to see
- 신문 newspaper
- 읽다 to read
- 옷 clothes
- 입다 to wear
- 커피 coffee
- 마시다 to drink
- 기다리다 to wait
- 컴퓨터 computer
- 배우다 to learn

어휘

학교생활 School Life

24

공부하다

질문하다

대답하다

책을 읽다

수업을 시작하다

수업이 끝나다

한국어를 배우다

한국어를 가르치다

숙제하다

쉬다

이야기하다

친구를 만나다

Part 2

들어 봅시다

한국 생활에 대한 대화 듣기 Listening to a conversation about life in Korea

01 여러분은 한국에 처음 온 친구를 만났습니다. 그 친구가 요즘 무엇을 하는 것 같습니까? You met a friend who came to Korea for the first time. What do you think he is doing these days?

02 다음은 학교에서 만난 친구와의 대화입니다. 잘 듣고 물음에 답하세요. 25
Two friends are chatting at school. Listen carefully to the conversation and answer the questions.

(1) 요코 씨는 요즘 무엇을 합니까?

① 책을 읽습니다.

② 한국어를 공부합니다.

③ 한국 음악을 듣습니다.

(2) 민수 씨는 무엇을 가르칩니까?

① 영어　　② 태권도　　③ 컴퓨터

표현

■ 한국 생활에 대해 묻기 Asking about life in Korea

A : 한국 생활이 어떻습니까?

B : 좋습니다.
즐겁습니다.
재미있습니다.
재미없습니다.

- 요즘 **these days**
- 태권도 **taekwondo**
- 어떻다 **to be how**
- 좋다 **to be good**
- 즐겁다 **to be fun**

말해 봅시다

수업 일정에 대해 말하기 Talking about the timetable

같은 반 친구가 여러분에게 이번 학기의 수업 일정에 대해 묻습니다. 친구에게 수업 일정에 대해 이야기해 주세요. A classmate asks you about the timetable for this semester. Tell him about it.

Try it!

말풍선을 따라 대화를 구성해 보세요.
Look at the speech balloons and make up a dialogue.

왕카이 Ask about the timetable.	이치로 Answer questions about the timetable.

1. 시험 날짜 묻기

한국어 시험 | 언제?

8월 13일

2. 시험 요일 묻기

무슨 요일?

월요일

3. 문화 수업 날짜 묻기

문화 수업 | 며칠?

8월 5일

4. 문화 수업 내용 묻기

무엇 | 하다?

한국 요리 | 배우다

표현

■ 날짜 묻기 Asking the date

월 Month

1월	2월	3월	4월	5월	6월	7월	8월	9월	10월	11월	12월
일월	이월	삼월	사월	오월	유월	칠월	팔월	구월	시월	십일월	십이월

일 Day

1일	5일	10일	15일	20일	25일	30일	31일
일 일	오 일	십 일	십오 일	이십 일	이십오 일	삼십 일	삼십일 일

A : 문화 수업이 며칠입니까?
B : 일월 팔 일입니다.

A : 문화 수업이 언제입니까?
B : 유월 이십 일입니다.

■ 요일 묻기 Asking the day of the week

요일 Days of the week

일요일 Sunday	월요일 Monday	화요일 Tuesday	수요일 Wednesday	목요일 Thursday	금요일 Friday	토요일 Saturday
		1	2	3	4	5
6	7					

A : 무슨 요일입니까?
B : 월요일입니다.

대화

26

왕카이 이치로 씨, 한국어 시험이 언제입니까?
이치로 8월 13일입니다.
왕카이 무슨 요일입니까?
이치로 월요일입니다.
왕카이 문화 수업이 며칠입니까?
이치로 8월 5일입니다.
왕카이 무엇을 합니까?
이치로 한국 요리를 배웁니다.

확장

반 친구와 시험, 문화 수업, 다음 학기 시작 등의 날짜를 서로 묻고 대답해 보세요.
With your classmates, ask and answer the questions about dates for exams, culture study classes, and the start of the next semester.

· 문화 수업 **culture study class** · 며칠 **what date** · 언제 **when** · 무슨 요일 **what day** · 요리 **cooking**
· 시험 **examination**

읽고 써 봅시다

동아리 안내문 읽고 쓰기 Reading and writing a notice about clubs

01 다음은 어떤 동아리에 대한 안내입니까? 다음 안내 포스터를 보고 이야기해 보세요.
What kind of clubs are the notices talking about? Look at and discuss the club notices below.

02 다음은 영화 동아리 모임을 안내하는 글입니다. 잘 읽고 물음에 답하세요. 27
Read the following notice about a film club and answer the questions.

> **영화 동아리 모임**
>
> 영화 동아리 모임이 있습니다.
> 한국 영화 '**친구**'를 봅니다.
>
> · 날짜: 7월 15일(수)
> · 시간: 오후 7시
> · 장소: ELC 휴게실

(1) 맞는 것에 ✓표 하세요.

① 미국 영화를 봅니다. 네 _____ 아니요 _____

② 동아리 모임이 7월 15일에 있습니다. 네 _____ 아니요 _____

(2) 어디에서 모입니까?

① 교실 ② 영화관 ③ 휴게실

03 여러분은 어떤 동아리 활동을 하고 싶습니까? 하고 싶은 동아리의 모임을 알리는 안내문을 써 보세요. What clubs are you interested in? Choose a club you would like to join and write a notice for a meeting of that club.

- 사진 **photo**
- 동아리 **club**
- 모임 **meeting**
- 날짜 **date**
- 시간 **time**
- 오후 **afternoon**
- 시 **o'clock**
- 장소 **place**
- 휴게실 **lounge**
- 영화관 **cinema**

제3과

우리 집

My House

제3과 우리 집 My House

Part 1

준비합시다 1	이, 그, 저
준비합시다 2	에
준비합시다 3	하고, 과/와
어휘	위치 location

Part 2

들어 봅시다	물건 위치를 묻는 대화 듣기 Listening to someone ask the location of objects
말해 봅시다	기숙사 시설 위치 알려 주기 Explaining where things are in the dormitory
읽고 써 봅시다	집 소개의 글 읽고 쓰기 Reading and writing the description of a house

Part 1

준비합시다

01 이, 그, 저

28

물건을 가리킬 때 말하는 사람과 듣는 사람의 거리에 따라 물건을 지시하는 말을 다르게 사용합니다. 어떻게 말할까요? When indicating an object, the demonstrative used differs according to how close the object is to the speaker or the listener.

이 책이 한국어 책입니다.

그 책이 일본어 책입니다.

저 책이 중국어 책입니다.

문법

이, 그, 저 + N

이, 그, 저 are demonstrative adjectives used in front of the noun to indicate an object, place, or time. 이 is used when the object is closer to the speaker, while 그 is used when it is closer to the listener from the view of the speaker. 저 is used when the object is far away from both the speaker and the listener.

이 사람, 그 사람, 저 사람

연습

다음 그림을 보고 요코에게 가까이 있는 것부터 '이', '그', '저'를 사용해서 묻고 대답해 보세요. Look at the picture and ask and answer the questions using 이, 그, 저 from the perspective of Yoko.

- 일본어 Japanese language
- 중국어 Chinese language
- 이것 this
- 그것 that, it
- 저것 that
- 탁자 table
- 침대 bed
- 소파 sofa
- 책장 bookcase
- 옷걸이 clothes hanger

보기 책상, 탁자, 침대

① 의자, 소파, 가방

② 책장, 전화, 책

③ 컴퓨터, 신문, 옷걸이

A 이것이 무엇입니까?	**A** 그것이 무엇입니까?	**A** 저것이 무엇입니까?
B 책상입니다.	**B** 탁자입니다.	**B** 침대입니다.

02 에

29

물건이 있는 장소나 위치를 말할 때 어떻게 말할까요?
How do we indicate where an object is?

A 신문이 어디에 있습니까?

B 책상 위에 있습니다.

문법

N + 에

에 is a particle attached to a noun to indicate a place or a location.

consonant + 에 예 방에
vowel + 에 예 의자 위에

연습

다음 그림을 보고 물건들이 어디에 있는지 묻고 대답해 보세요.
Look at the picture and ask and answer the questions about where the objects are.

보기 우산

① 시계 ② 공책
③ 사전 ④ 전자사전
⑤ 필통 ⑥ 연필

A 우산이 어디에 있습니까?

B 소파 옆에 있습니다.

- 있다 (there) to be
- 위 on
- 방 room
- 우산 umbrella
- 시계 watch
- 전자사전 electronic dictionary
- 필통 pencil case
- 옆 beside

03 하고, 과/와

30

집에 여러 물건과 가구들이 있습니다. 두 개 이상의 사물들을 열거할 때 어떻게 말할까요? The house is filled with furniture and many other objects. How do we talk about two or more objects together?

A 방에 무엇이 있습니까?
B 책상과 의자가 있습니다.

A 책상 위에 무엇이 있습니까?
B 시계하고 전화가 있습니다.

문법

N + 하고, 과/와

하고, 과/와 are particles used to enumerate people or objects.

consonant + 하고 예 책하고
vowel + 하고 예 의자하고
consonant + 과 예 연필과
vowel + 와 예 사과와

연습

다음 그림을 보고 거실과 방에 어떤 물건들이 있는지 말해 보세요.
Look at the pictures and list the objects in the living room and the bedroom.

A 거실에 무엇이 있습니까?
B 탁자와 소파가 있습니다.

A 방에 무엇이 있습니까?
B 침대와 화장대가 있습니다.

· 사과 apple
· 거실 **living room**
· 화장대 **dressing table**

어휘

위치 Location 31

안

위

밑(아래)

옆

앞/뒤

A와/과 B 사이

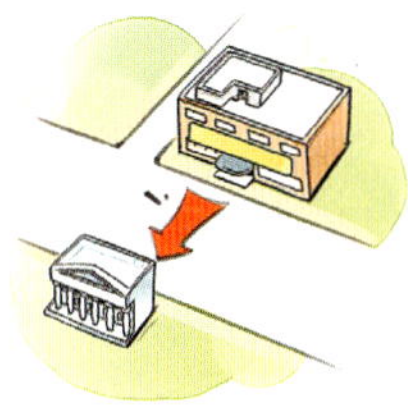

건너편/맞은편

바로 옆

Part 2

들어 봅시다

물건 위치를 묻는 대화 듣기 Listening to someone ask the location of objects

01 다음은 사무실 모습입니다. 사무실에 무엇이 있는지 말해 보세요.
Look at the office in the picture. Talk about the things that are in the office.

02 다음은 마이클이 박영민에게 전화해서 물건 위치를 묻는 대화입니다. 잘 듣고 물음에 답하세요. Michael phones Park Youngmin and asks where something is. Listen carefully to the conversation and answer the questions. 32

(1) 물건들이 어디에 있습니까? 아래 그림에 번호를 쓰세요.

① 지갑 ② 열쇠

(2) 맞는 것에 ✓표 하세요.

① 마이클 씨가 집에 있습니다. 네 ______ 아니요 ______

② 마이클 씨와 박영민 씨는 회사 동료입니다. 네 ______ 아니요 ______

- 물건 objects
- 지갑 wallet
- 열쇠 key
- 집 house
- 회사 company
- 동료 colleague

말해 봅시다

기숙사 시설 위치 알려 주기 Explaining where things are in the dormitory

여러분은 기숙사에 새로 이사 온 친구를 만났습니다. 그 친구에게 기숙사 시설들의 위치를 알려 주세요. You've just met a student who has recently moved into the dormitory. Show the student around and point out where things.

Try it!

말풍선을 따라 대화를 구성해 보세요.
Look at the speech balloons and make up a dialogue.

김수진
Show where the facilites are.

미셸
Ask where the facilities are.

1. 방 위치 묻기

안녕하세요

이 방 | 김수진 씨 방이다?

2. 세탁실 위치 묻기

×
마사코 씨 방이다

세탁실 | 어디 | 있다?

3. 휴게실 위치 묻기

지하 1층 | 있다
매점 옆 | 있다

휴게실 | 어디 | 있다?

4. 휴게실 위치 알려 주기

2층 | 있다
2층 | 휴게실 | 컴퓨터실 | 있다

고맙다
앞으로 잘 부탁하다

표현

■ 시설 위치 묻기 Asking the locations of facilities

A : 컴퓨터실이 어디에 있습니까?
B : 1층과 2층에 있습니다.

■ 부탁하기 Formal expression asking for good will

잘 부탁합니다.
잘 부탁드립니다.
앞으로 잘 부탁합니다.

대화

33

김수진 미셸 씨, 안녕하세요?
미셸 안녕하세요? 이 방이 김수진 씨 방입니까?
김수진 아니요. 마사코 씨 방입니다.
미셸 김수진 씨, 세탁실이 어디에 있습니까?
김수진 지하 1층에 있습니다. 매점 옆에 있습니다.
미셸 휴게실이 어디에 있습니까?
김수진 2층에 있습니다. 2층에 휴게실하고 컴퓨터실이 있습니다.
미셸 고맙습니다. 앞으로 잘 부탁합니다.

발음 Tensification ①

When characters beginning with ㄱ, ㄷ, ㅂ, ㅅ, ㅈ are preceded by the final sounds [ㄱ], [ㄷ], [ㅂ] the sound becomes tensed, changing their pronunciation to [ㄲ], [ㄸ], [ㅃ], [ㅆ], [ㅉ] respectively.
있습니다[읻씀니다] 고맙습니다[고맙씀니다] 세탁실[세탁씰]

확장

반 친구와 언어교육원 시설의 위치에 대해 말해 보세요.
Describe to a classmate the locations of facilities in the language center.

언어교육원

3층	휴게실	
2층	사무실	
1층	매점	컴퓨터실

· 컴퓨터실 computer room · 잘 부탁하다 (I) hope you can help me out around here · 세탁실 laundry
· 지하 basement · 매점 store · 앞으로 in the future

읽고 써 봅시다

집 소개의 글 읽고 쓰기 Reading and writing the description of a house

01 다음은 이층집 모습입니다. 집 안 곳곳을 뭐라고 부르는지 말해 보세요. Below is a picture of a two-story house. What do we call the different rooms in the house?

거실 · 침실 · 욕실 · 부엌 · 서재

02 다음은 집을 소개하는 글입니다. 잘 읽고 물음에 답하세요. 34
Read the description of a house below and answer the questions.

> 우리 집
>
> 우리 집은 이층집입니다. 1층에 거실과 부엌과 서재가 있습니다. 거실에 피아노가 있습니다. 서재에 책상과 컴퓨터가 있습니다. 2층에 부모님 침실과 욕실이 있습니다. 그리고 제 방과 동생 방이 있습니다. 집 앞에 정원이 있습니다. 정원에 나무와 꽃이 있습니다. 우리 집은 멋있습니다.

(1) 서재에 무엇이 있습니까? ______________________

(2) 집 앞에 무엇이 있습니까? ______________________

(3) 맞는 것에 ✓표 하세요.

① 욕실은 2층에 있습니다. 네 ____ 아니요 ____

② 피아노는 침실에 있습니다. 네 ____ 아니요 ____

③ 거실하고 부엌이 1층에 있습니다. 네 ____ 아니요 ____

- 침실 bedroom
- 욕실 bathroom
- 부엌 kitchen
- 서재 study
- 우리 our
- 이층집 two-story house
- 피아노 piano
- 부모님 parents
- 동생 little brother/sister
- 정원 garden
- 나무 tree
- 꽃 flower
- 멋있다 to be nice

03 여러분의 집에 무엇이 있습니까? 여러분의 집을 소개하는 글을 써 보세요.
What is your house like? Write a short passage describing your house.

제4과

하루 일과

Daily Routine

제4과 하루 일과 Daily Routine

Part 1

- 준비합시다 1 — 수 ②
- 준비합시다 2 — 시간
- 준비합시다 3 — 에
- 어휘 — 일상생활 Daily Life

Part 2

- 들어 봅시다 — 하숙집 생활에 대한 대화 듣기
  Listening to a conversation about life in a boarding house
- 말해 봅시다 — 스포츠센터 프로그램 정보 얻기
  Getting information about programs at the sports center
- 읽고 써 봅시다 — 하루 일과에 대한 글 읽고 쓰기
  Reading and writing about your daily routine

Part 1

준비합시다

01 수 ②

35

한국어로 물건의 수를 어떻게 셀까요?
How are objects counted in Korean?

하나

둘

셋

넷

수 Numbers (하나～열)

1	하나	6	여섯
2	둘	7	일곱
3	셋	8	여덟
4	넷	9	아홉
5	다섯	10	열

문법

수

When counting objects or people the numbers 하나, 둘, 셋, 넷 are used. The unit for counting objects is 개 and when attached after the number 하나, 둘, 셋, 넷 become 한, 두, 세, 네.

하나 + 개 → 한 개　　둘 + 개 → 두 개　　셋 + 개 → 세 개　　넷 + 개 → 네 개

연습

교실에 의자가 몇 개 있습니까? 교실에 있는 물건들을 세어 보세요.
How many chairs are there in the classroom? Count different objects in the classroom.

보기

A 의자가 몇 개 있습니까?
B 네 개 있습니다.

① 
전자사전

② 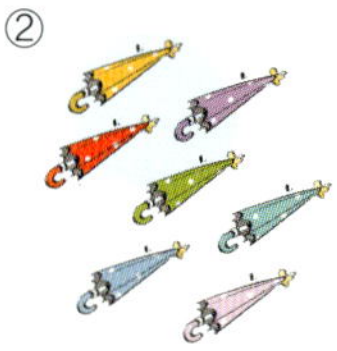
우산

③ 
벽시계

④ 
안경

⑤ 
책상

⑥ 
가방

- 벽시계 clock
- 안경 glasses
- 몇 how many
- 개 unit for counting thing

02 시간

36

한국어로 시간은 어떻게 말할까요?
How do we tell the time in Korean?

A 지금 몇 시입니까?
B 아홉 시 십 분입니다.

시간 Time

한 시	두 시	세 시	네 시	다섯 시
여섯 시 십오 분	일곱 시 삼십 분 일곱 시 반	여덟 시 사십오 분 아홉 시 십오 분 전	열 시 오십오 분 열한 시 오 분 전	열두 시

문법

시간

The time is expressed as 한 시, 두 시, 세 시, 네 시, 다섯 시. The minutes are expressed as 일 분, 이 분, 삼 분. Thirty minutes, or half past the hour, can also be expressed as 반.

연습

다음 시계를 보고 몇 시인지 말해 보세요.
Look at the pictures of the clock and say what time it is.

보기

①

②

③

A 몇 시입니까?
B 오전 여섯 시 삼십칠 분입니다.

④

⑤

- 지금 now
- 분 minute
- 오전 morning

03 에

하루 일과를 시간과 함께 말할 때 어떻게 말할까요?
How do we talk about our daily routine with its time?

A 몇 시에 일어납니까?

B 6시에 일어납니다.

문법

N + 에

에 is a particle attached to expressions of time that indicates when a certain action is taking place. It is not used with other time related words such as 언제, 지금, 오늘, 내일, 어제.

consonant + 에 　예 일곱 시에
vowel + 에 　예 아침에

연습

다음 사람들은 몇 시에 무엇을 합니까? 보기와 같이 묻고 대답해 보세요.
What do the people in the table below do and when? Ask and answer the questions as in the example.

왕카이	7:20 AM	9:10 AM	3:00 PM	5:30 PM	8:00 PM
	일어나다 →	한국어를 배우다 →	숙제하다 →	중국어를 가르치다 →	운동하다
박영민	6:50 AM	8:30 AM	2:30 PM	7:00 PM	9:30 PM
	아침을 먹다 →	출근하다 →	회의하다 →	퇴근하다 →	쉬다
나타샤	7:20 AM	10:00 AM	2:00 PM	6:30 PM	10:30 PM
	아침 식사를 준비하다 →	커피를 마시다 →	친구를 만나다 →	텔레비전을 보다 →	잠을 자다

A 왕카이 씨는 몇 시에 일어납니까?

B 오전 7시 20분에 일어납니다.

- 일어나다 **to wake up**
- 아침을 먹다 **to eat breakfast**
- 출근하다 **to go to work**
- 회의하다 **to have a meeting**
- 퇴근하다 **to finish work**
- 아침 식사 **breakfast**
- 준비하다 **to prepare**
- 잠을 자다 **to sleep**
- 텔레비전 television

어휘

일상생활 Daily Life

38

일어나다

세수하다

이를 닦다

아침 식사를 준비하다

아침을 먹다

출근하다

회의하다

커피를 마시다

운동하다

인터넷을 하다

텔레비전을 보다

잠을 자다

Part 2

들어 봅시다

하숙집 생활에 대한 대화 듣기 Listening to a conversation about life in a boarding house

01 기숙사, 하숙집에는 어떤 규칙이 있습니까? 어떤 규칙이 있는지 이야기해 보세요. What rules are there in your dormitory or boarding house? Talk about these rules.

02 다음은 요코 씨가 하숙집 생활에 대해 묻는 대화입니다. 잘 듣고 물음에 답하세요. 39
Yoko is asking about life in the boarding house. Listen carefully to the conversation and answer the questions.

(1) 토요일 아침 식사 시간은 몇 시까지입니까?

① 7시　　② 8시　　③ 9시

(2) 몇 시에 하숙집 문을 닫습니까?

____

(3) 다음 중 맞는 것을 고르세요.

① 저녁 식사 시간은 6시까지입니다.

② 일요일 아침 식사 시간은 8시까지입니다.

③ 평일 아침 식사 시간은 7시부터 8시까지입니다.

표현

■ 식사 시간 묻기 Asking about the mealtimes

몇 시에 아침을 먹습니까?
아침 식사 시간은 몇 시입니까?
식사 시간은 언제입니까?

· 식사 시간 **mealtime**
· 하숙집 **boarding house**
· 문을 닫다 **to close**
· 평일 **weekday**
· 저녁 **evening, dinner**

말해 봅시다

스포츠센터 프로그램 정보 얻기 Getting information about programs at the sports center

여러분은 스포츠센터에 등록하려고 합니다. 스포츠센터에 전화해서 필요한 정보를 물어 보세요. You are about to sign up as a member of the sports center. Call the center and ask for the information you need.

Try it!

말풍선을 따라 대화를 구성해 보세요.
Look at the speech balloons and make up a dialogue.

이치로	스포츠센터 직원
Ask about the timetable at the sports center.	Give information about the sports center programs and times.

1. 전화하기

- 스포츠센터
- 말씀 좀 묻겠다

2. 프로그램 시작 날짜 묻기

- 다음 달 프로그램 | 언제 시작하다?
- 3일 월 | 시작하다

3. 수영 시간 묻기

- 수영 | 몇 시 | 하다?
- 매일 오전 7시 | 8시 | 하다

4. 요가 시간 묻기

- 요가 | 언제 하다?
- 월, 수, 금 오후 6시 30분 | 하다

표현

■ 프로그램에 대해 묻기 Asking about the programs

다음 달 프로그램이 언제 시작합니까?
수영 시간은 언제입니까?
요가는 언제 합니까?

대화

40

직원 이화 스포츠센터입니다.
이치로 말씀 좀 묻겠습니다. 다음 달 프로그램이 언제 시작합니까?
직원 3일 월요일에 시작합니다.
이치로 그렇습니까? 수영은 몇 시에 합니까?
직원 매일 오전 7시와 8시에 합니다.
이치로 요가는 언제 합니까?
직원 요가는 월, 수, 금요일 오후 6시 30분에 합니다.
이치로 네, 알겠습니다. 고맙습니다.

발음 Double final consonants

In the case of a double final consonant, sometimes the pronunciation is determined by the first consonant and some other times by the second. For example, ㄼ is pronounced ㄹ but ㄺ is pronounced ㄱ.
여덟[여덜] 닭[닥]

확장

여러분은 문화센터에 등록하려고 합니다. 문화센터에 전화해서 필요한 정보를 물어 보세요. You are about to register at the local culture center. Call the center and ask for some information about the programs.

	월	화	수	목	금	토
16:00	요리 교실					사진 교실
17:00		노래 교실		노래 교실		
18:00					바이올린 교실	
19:00			벨리댄스 교실			

프로그램 program · 스포츠센터 sports center · 말씀 question · 시작하다 to start, to begin · 묻다 to ask
다음 달 next month · 매일 every day · 요가 yoga · 알겠다 I see · 바이올린 violin · 벨리댄스 belly dance

읽고 써 봅시다

하루 일과에 대한 글 읽고 쓰기 Reading and writing about your daily routine

01 다음 사람의 직업은 무엇일까요? 이 사람의 하루 일과에 대해 추측해서 이야기해 보세요. What kind of job does the person below have? Discuss what kind of daily routine this person might have.

02 다음은 프랑크 씨의 하루 일과를 소개하는 글입니다. 잘 읽고 물음에 답하세요. 41
Read the description of Frank's daily routine below and answer the questions.

> 하루 일과
>
> 저는 오전 9시에 일어납니다. 9시 10분에 샤워합니다. 9시 30분에 아침을 먹습니다. 보통 빵과 우유를 먹습니다. 아침 식사 후에 옷을 입습니다. 그리고 10시까지 출근합니다. 저는 요리사입니다. 프랑스 식당에서 일합니다. 우리 식당 점심시간은 11시부터 3시까지입니다. 점심시간에 손님들이 많습니다. 그래서 아주 바쁩니다. 저는 보통 3시 30분에 점심을 먹습니다. 그 후에 다시 일합니다. 10시에 식당을 청소합니다. 그리고 문을 닫습니다. 10시 30분에 집에 갑니다. 퇴근 후에 샤워합니다. 11시에 텔레비전을 봅니다. 11시 30분에 잡니다.

(1) 이 사람의 직업은 무엇입니까?

① 학생 ② 요리사 ③ 회사원

(2) 프랑크 씨는 몇 시에 점심을 먹습니까?

① 11시 30분 ② 1시 30분 ③ 3시 30분

- 하루 일과 daily routine
- 샤워하다 to take a shower
- 프랑스 식당 French restaurant
- 일하다 to work
- 손님 guest
- 그래서 so
- 아주 very
- 바쁘다 to be busy
- 보통 usually
- 다시 again
- 청소하다 to clean
- 퇴근 후 after work

03 여러분의 하루 일과는 어떻습니까? 여러분의 하루 일과를 소개하는 글을 써 보세요.
What is your daily routine like? Write a passage about how you spend your days.

제5과

신나는 주말

Enjoying the Weekend

제5과 신나는 주말 Enjoying the Weekend

Part 1

준비합시다 1	-아/어요
준비합시다 2	에서
준비합시다 3	안
어휘	주말 활동 ① Weekend Activities ①

Part 2

들어 봅시다	주말 활동에 대한 대화 듣기 Listening to the conversation about weekend activities
말해 봅시다	주말 활동 이야기하기 Talking about weekend activities
읽고 써 봅시다	주말 활동에 대한 글 읽고 쓰기 Reading and writing about weekend activities

Part 1

준비합시다

01 –아/어요

42

비격식적인 상황에서 공손하게 말하고 싶을 때 어떻게 말할까요?
How do we speak politely in an informal situation?

A 마이클 씨가 무엇을 해요?

B 친구와 이야기해요.

문법

A/V + 아/어요

–아/어요 is an honorific ending used to indicate politeness in informal situations, in declarative sentences, questions, commands, and requests.

- 어간 'ㅏ', 'ㅗ' + 아요 예 앉아요
- 그 외의 어간 + 어요 예 먹어요
- 하다 → 해요 예 식사해요
- 이다 → consonant + 이에요 예 학생이에요
  vowel + 예요 예 의사예요

연습

다음을 '–아/어요'를 사용해서 바꿔 보세요.
Change the verb forms of the following sentences using '–아/어요'.

저는 중국 사람**입니다**. 은행원**입니다**. 아침 9시에 **출근합니다**. 그리고 저녁 6시에 일이 **끝납니다**. 퇴근 후에 여자 친구를 **만납니다**. 여자 친구는 학생**입니다**. 여자 친구와 저녁을 **먹습니다**. 식사 후에 커피를 **마십니다**. 그리고 영화를 **봅니다**.

▼

저는 중국 사람이에요. 은행원 __________. 아침 9시에 __________. 그리고 저녁 6시에 일이 __________. 퇴근 후에 여자 친구를 __________. 여자 친구는 학생 __________. 여자 친구와 저녁을 __________. 식사 후에 커피를 __________. 그리고 영화를 __________.

- 앉다 to sit
- 아침 morning
- 여자 친구 girlfriend

02 에서

43

여러분은 주로 어디에서 친구를 만납니까? 어디에서 만나는지 그 장소를 어떻게 말할까요? Where do you usually hang out with your friends? How do we talk about places where you meet people?

A **보통 어디에서 친구를 만나요?**

B **학교 앞에서 만나요.**

문법

N + 에서

에서 is a particle that indicates where an activity is taking place.

consonant + 에서 예 교실에서

vowel + 에서 예 서재에서

연습

- 학교 **school**
- 쇼핑하다 **to go shopping**
- 백화점 **department store**
- 도서관 **library**
- 빌리다 **to borrow**
- 우체국 **post office**
- 편지를 보내다 **to send a letter**
- 스키장 **ski resort**
- 스키를 타다 **to ski**
- 은행 **bank**
- 환전하다 **to change money**
- 공원 **park**

다음 장소에서 무엇을 하는지 말해 보세요.
Where are the following people and what are they doing?

	사람	장소	무엇을 해요?
보기	마이클	영화관	영화를 보다
①	율리아	백화점	쇼핑하다
②	요코	도서관	책을 빌리다
③	리처드	우체국	편지를 보내다
④	왕카이	스키장	스키를 타다
⑤	나타샤	은행	환전하다
⑥	이치로	공원	운동하다

A **마이클 씨는 어디에서 무엇을 해요?**

B **영화관에서 영화를 봐요.**

03 안

여러분은 주말에 어떤 일을 하고, 어떤 일을 안 합니까? 하지 않는 일을 이야기할 때 어떻게 말할까요? What sort of things do you do, or not do, on the weekend? How do we talk about things we don't do?

A 마이클 씨, 오늘 친구를 만나요?

B 아니요, 안 만나요. 집에서 텔레비전을 봐요.

문법

안 + A/V

안 indicates the negative of some action or state. The negative of verbs such as 공부하다, 운동하다 becomes 공부 안 하다, 운동 안 하다.

안 + 만나다 → 안 만나다　　쇼핑 + 안 + 하다 → 쇼핑 안 하다

연습

다음 설문지를 보고 이 사람의 주말 활동에 대해서 말해 보세요.
Look at the questionnaire below and talk about this person's weekend activities.

설문지

이름: 마이클　　나이: 27살

질문	네	아니요	질문	네	아니요
1. 주말에 영화를 봅니까?	☑	☐	6. 주말에 쇼핑합니까?	☑	☐
2. 주말에 친구를 만납니까?	☑	☐	7. 주말에 음악을 듣습니까?	☑	☐
3. 주말에 낮잠을 잡니까?	☐	☑	8. 주말에 데이트를 합니까?	☐	☑
4. 주말에 여행을 갑니까?	☐	☑	9. 주말에 외식을 합니까?	☑	☐
5. 주말에 운동합니까?	☐	☑	10. 주말에 청소합니까?	☐	☑

마이클 씨는 주말에 보통 영화를 봅니다. 그리고 친구를 만납니다. 그렇지만 낮잠을 안 잡니다. ______________________

____

- 설문지 **questionnaire**
- 나이 **age**
- 주말 **weekend**
- 낮잠 **nap**
- 여행을 가다 **to travel**
- 외식을 하다 **to dine out**
- 그렇지만 **but**

어휘

주말 활동 ① Weekend Activities ① 45

산책하다

등산하다

여행하다

쇼핑하다

외식하다

가족과 외출하다

영화를 보다

집안일을 하다

낮잠을 자다

데이트를 하다

운전하다

놀이동산에 가다

Part 2

들어 봅시다

주말 활동에 대한 대화 듣기 Listening to the conversation about weekend activities

01 주말에 보통 무엇을 합니까? 주말에 무엇을 하는지 이야기해 보세요.
What do you usually do on the weekend? Talk about your weekend activities.

02 다음은 두 사람이 주말 활동에 대해 이야기하는 대화입니다. 잘 듣고 물음에 답하세요. Two people are talking about what they did on the weekend. Listen carefully to the conversation and answer the questions. 46

(1) 나타샤 씨는 일요일 오전과 오후에 무엇을 합니까?

오전 : ____________ 오후 : ____________

(2) 다음 중 맞는 것을 고르세요.

① 나타샤 씨는 토요일에 외출합니다.

② 나타샤 씨는 일요일에 운동을 합니다.

③ 나타샤 씨는 주말에 친구를 안 만납니다.

Tip 으 탈락

When the stem of an adjectives verb ends in 'ㅡ' and is followed by an ending that starts with 아/어 then 'ㅡ' is omitted.

예쁘 + 어요 → 예뻐요 나쁘 + 아요 → 나빠요

외출하다 to go out

말해 봅시다

주말 활동 이야기하기 Talking about weekend activities

여러분은 이웃집 주부를 만났습니다. 이웃집 주부와 주말에 무엇을 하는지에 대해 서로 이야기해 보세요. You have run into one of your neighbors, a housewife. Talk to each other about how you usually spend the weekend.

Try it!

말풍선을 따라 대화를 구성해 보세요.
Look at the speech balloons and make up a dialogue.

나타샤 Housewife	이소라 Working mother

1. 이소라의 주말 활동 묻기

주말 | 뭐 하다?

토요일 | 집 | 쉬다
일요일 | 집안일 | 하다

2. 주말 활동 설명하기

그래요?
외출 | 안 하다?

직장 생활 | 피곤하다
주말 | 외출 안 하다
주말 | 뭐 하다?

3. 나타샤의 주말 활동 말하기

저 | 가족 | 외식하다
쇼핑하다

좋겠다

4. 평일 활동 말하기

저 | 평일 | 집안일 | 많다
바쁘다

표현

■ 주말 활동에 대해 묻기 Asking people how they spend the weekend

주말에 보통 뭐 해요? / 주말에 어떻게 지내요? / 주말을 어떻게 보내요?

■ 부러움 표현하기 Expressing envy

정말 좋겠어요. / 정말 부러워요.

대화

47

나타샤 소라 씨, 주말에 보통 뭐 해요?

이소라 토요일에 집에서 쉬어요. 그리고 일요일에 집안일을 해요.

나타샤 그래요? 외출은 안 해요?

이소라 직장 생활이 피곤해요. 그래서 주말에 보통 외출 안 해요.
나타샤 씨는 주말에 뭐 해요?

나타샤 저는 가족과 같이 외식해요. 그리고 쇼핑해요.

이소라 나타샤 씨는 정말 좋겠어요.

나타샤 네. 그런데 저는 평일에 집안일이 많아요.
그래서 평일에 좀 바빠요.

Tip In spoken Korean contractions are often used.
무엇 → 뭐 조금 → 좀
무엇을 해요? → 뭘 해요? / 뭐 해요? 조금 바빠요. → 좀 바빠요.

발음 Palatalization

When ㄷ and ㅌ are followed by the vowel 'ㅣ', they are pronounced [ㅈ] and [ㅊ] respectively.

같이[가치] 해돋이[해도지]

확장

주말에 보통 무엇을 하는지 반 친구와 이야기해 보세요.
Talk to your classmates about how you usually spend the weekend.

· 어떻게 **how** · 직장 생활 **work** · 피곤하다 **to be tired** · 같이 **together** · 정말 **really**

읽고 써 봅시다

주말 활동에 대한 글 읽고 쓰기 Reading and writing about weekend activities

01 이소라 씨의 일주일 일정입니다. 여러분의 일주일 일정에 대해 이야기해 보세요.
This is Lee Sora's timetable of the week. Talk about your timetable of the week.

일	월	화	수	목	금	토
텔레비전을 보다	회사에서 일하다					청소하다
쇼핑하다	한국어를 공부하다				친구를 만나다	낮잠을 자다

02 다음은 이소라 씨의 주말에 대한 글입니다. 잘 읽고 물음에 답하세요. 48
Read the following passage about how Lee Sora spends the weekend and answer the questions.

> 이소라 씨의 주말
>
> 이소라 씨는 회사원입니다. 평일에 회사에서 일합니다. 그리고 퇴근 후에 한국어를 공부합니다. 그래서 너무 바쁩니다. 보통 주말에 집안일을 합니다. 토요일 오전에 청소를 합니다. 그리고 설거지도 합니다. 오후에 보통 낮잠을 잡니다. 일요일 오전에는 텔레비전을 봅니다. 오후에는 친구를 만납니다. 친구와 같이 백화점에서 쇼핑합니다.

(1) 이소라 씨는 언제 집안일을 합니까?

① 토요일 오전　　② 토요일 오후　　③ 일요일 오후

(2) 주말에 무엇을 안 합니까?

① 낮잠　　② 설거지　　③ 외식

03 주말 활동에 대한 글을 써 보세요.
Write a passage about your weekend activities.

- 너무 **so, too**
- 청소 **cleaning**
- 설거지 **washing the dishes**

제6과

길 찾기

Giving and Getting Directions

제6과 길 찾기
Giving and Getting Directions

Part 1

준비합시다 1	에
준비합시다 2	-(으)세요
준비합시다 3	(으)로
어휘	공공장소 Public Place

Part 2

들어 봅시다	장소 위치 설명하는 대화 듣기 Listening to someone explain the location of a place
말해 봅시다	길 묻기 Asking for the directions
읽고 써 봅시다	초대의 글 읽고 쓰기 Reading and writing an invitation

Part 1

준비합시다

01 에

49

여러분은 어디에 자주 갑니까? 오고 가는 목적지를 말할 때 어떻게 말할까요?
Where do you go often? How do we express where we are going to and from?

A 요코 씨가 어디에 갑니까?

B 학교에 갑니다.

문법

N + 에

에 is a particle attached to a noun to indicate where one is going, in other words, one's destination. It is used with verbs such as 가다, 오다, 다니다.

consonant + 에 — 예 학교에
vowel + 에 — 예 집에

연습

다음 그림을 보고 사람들이 어디에 가는지 묻고 대답해 보세요.
Look at the following pictures and ask and answer the questions about where the people are going.

보기

기숙사

A 어디에 갑니까?
B 기숙사에 갑니다.

① 

교실

② 

식당

③ 

도서관

④ 

화장실

⑤ 

서점

⑥ 

집

- 기숙사 dormitory
- 식당 restaurant
- 화장실 restroom
- 서점 bookstore

02 –(으)세요

교실에서 선생님이 학생들에게 지시할 때 어떻게 말할까요?
Give instructions or orders as a teacher in the classroom.

왕카이 씨, 이름을 쓰세요.

요코 씨, 크게 말하세요.

문법

V + (으)세요

–(으)세요 is attached to the end of the verb to instruct or request someone to do something.

consonant + 으세요 예 읽으세요, 앉으세요
vowel, ㄹ + 세요 예 가세요, 사세요

연습

선생님이 학생에게 다음과 같이 지시합니다. 그림을 보고 말해 보세요.
Look at the pictures. What does the teacher say to the students in these situations?

보기

책을 펴다

A 여러분, 책을 펴세요.
B 네, 알겠습니다.

①

책 15쪽을 읽다

②

책을 덮다

③

일어서다

④

대답하다

⑤

앉다

⑥

조용히 하다

- 쓰다 to write
- 크게 말하다 to speak up
- 여러분 everyone
- 펴다 to open
- 쪽 page
- 덮다 to close
- 일어서다 to stand
- 조용히 하다 to be quiet

03 (으)로

51

길을 모르는 상대방에게 목적지의 방향을 알려 줄 때는 어떻게 말할까요?
How do we give directions to a particular destination?

A 실례합니다. 은행이 어디에 있습니까?

B 오른쪽으로 가세요. 우체국 옆에 있습니다.

문법

N + (으)로

(으)로 is a particle attached to the end of a noun describing a place or a direction.

consonant + 으로 　예 빵집으로, 옆으로
vowel, ㄹ + 로 　예 학교로, 길로

연습

다음 지도의 장소를 보고 상대방에게 목적지의 방향을 알려 주세요.
Look at the map and give directions to each of the places indicated.

보기 영화관

① 우체국 ② 빵집
③ 백화점 ④ 병원
⑤ 약국 ⑥ 편의점

A 실례합니다. 영화관이 어디에 있습니까?

B 왼쪽으로 가세요. 학교 옆에 있습니다.

- 실례하다 to excuse
- 오른쪽 right
- 왼쪽 left
- 빵집 bakery
- 병원 hospital
- 약국 pharmacy
- 편의점 convenience store

어휘

공공장소 Public Place

52

백화점

영화관

도서관

식당

은행

우체국

수영장

축구장

야구장

들어 봅시다

장소 위치를 설명하는 대화 듣기 Listening to someone explain the location of a place

01 길에서 모르는 사람이 여러분에게 서점의 위치를 묻습니다. 그 사람에게 서점의 위치를 설명해 주세요. On the street, someone asks you where the bookstore is. Give directions to the bookstore.

02 다음은 서점 위치를 설명하는 대화입니다. 잘 듣고 물음에 답하세요. 53
This is a conversation about where the bookstore is. Listen carefully to the conversation and answer the questions.

(1) 서점은 어디에 있습니까?

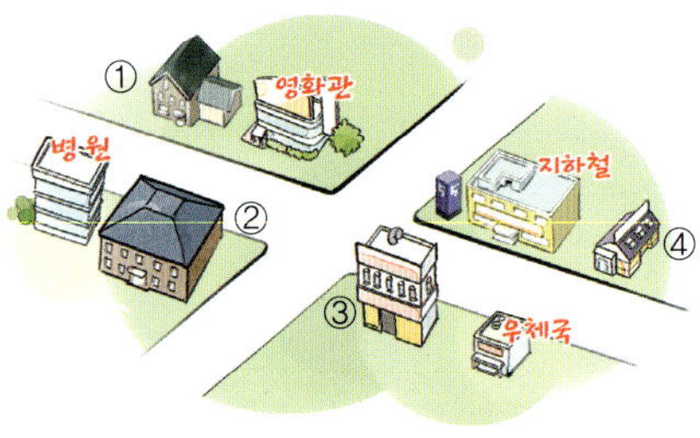

(2) 다음 중 맞지 않는 것을 고르세요.

① 우체국과 서점은 가깝습니다.

② 남자는 서점의 위치를 압니다.

③ 서점이 우체국 건너편에 있습니다.

표현

- 장소 위치 묻기 Asking the location of a place

근처에 서점이 있습니까?
서점이 어디에 있습니까?
서점에 어떻게 갑니까?

지하철역 **subway station** · 위치 **location** · 근처 **near** · 가깝다 **to be close**

말해 봅시다

길 묻기 Asking for directions

우체국에 가려고 합니다. 어떻게 가는지 경찰관에게 물어보세요.
Ask the policeman the way to the post office.

Try it!

말풍선을 따라 대화를 구성해 보세요.
Look at the speech balloons and make up a dialogue.

마이클 Ask the way to the post office.	경찰관 Give directions to the post office.

1. 길 묻기

- 실례하다
  길 좀 묻다
  근처 | 우체국 | 있다?
- ○
  사거리 오른쪽 | 있다

2. 가는 방법 묻고 말하기

- 여기 | 어떻게 가다?
- 똑바로 200m 가다
  그러면 주유소 | 나오다
  주유소 | 오른쪽 | 가다
  사거리 | 나오다

3. 정보 확인하기

- 사거리 | 우체국 | 있다?
- 사거리 | 횡단보도 | 건너다
  바로 우체국 | 있다

4. 인사하기

- 감사하다
- 별말씀을요

표현

■ 길 묻기 Asking for directions

저, 실례합니다. 길 좀 묻겠습니다.
저, 죄송하지만 길 좀 가르쳐 주세요.
여기에서 어떻게 갑니까?

■ 감사 표현하기 Expressing gratitude

A: 정말 감사합니다. / 도와주셔서 정말 감사합니다.
B: 별말씀을요.

대화

54

마이클 저, 실례합니다. 길 좀 묻겠습니다. 근처에 우체국이 있어요?
경찰관 네. 사거리 오른쪽에 있어요.
마이클 여기에서 어떻게 가요?
경찰관 똑바로 200m쯤 가세요. 그러면 주유소가 나와요.
주유소에서 오른쪽으로 가세요. 사거리가 나와요.
마이클 그 사거리에 우체국이 있어요?
경찰관 사거리에서 횡단보도를 건너세요.
그러면 바로 우체국이 있어요.
마이클 정말 감사합니다.
경찰관 별말씀을요.

확장

앞 그림을 보고 꽃집, 은행, 버스정류장에 어떻게 가는지 대화를 해 보세요.
Look at the picture above and give directions to the florist, the bank, and the post office.

· 여기 here · 사거리 intersection · 주유소 gas stationn · 나오다 to come out, to appear
· 횡단보도 pedestrian crossing · 바로 right · 죄송하다 to be sorry · 별말씀 you're welcome

읽고 써 봅시다

초대의 글 읽고 쓰기 Reading and writing an invitation

01 친구들을 언제 초대합니까? 친구들과 이야기를 나눠 보세요.
On what occasions do you invite your friends? Talk about it with your classmates.

02 다음은 생일 파티에 초대하는 글입니다. 잘 읽고 물음에 답하세요. 55
Read the following invitation to a birthday party and answer the questions.

초대장

이번 주 금요일이 마이클 씨의 생일입니다. 이화식당으로 오세요. 학교 근처에 있습니다. 우리 반 친구들과 함께 삼겹살을 먹습니다. 파티 후에 노래방에 갑니다. 생일 파티에 꼭 오세요.

- 언제 8월 25일 금요일 오후 6시
- 어디에서 이대역 근처 이화식당
- 어떻게 3번 출구로 나오세요. 똑바로 가세요. 그리고 옷 가게에서 오른쪽으로 가세요.

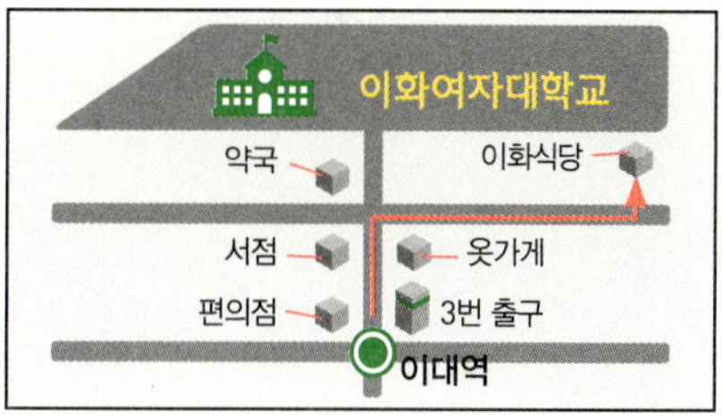

(1) 언제 노래방에 갑니까?

____

(2) 다음 중 맞는 것을 고르세요.

① 오전에 노래방에 갑니다.
② 이화식당은 약국 앞에 있습니다.
③ 금요일 저녁에 생일 파티를 합니다.

- 초대장 invitation (card)
- 이번 주 this week
- 함께 together
- 삼겹살 pork belly
- 파티 party
- 출구 exit
- 멀다 to be far

03 친구를 초대하는 글을 써 보세요. Write an invitation.

APPENDIX

| 부 록 |

■ 듣기 지문 및 정답
Listening Script and Answers

■ 찾아보기
Index

듣기 지문 및 정답 Listening Script and Answers

준비과

모음

1. (1) ① (2) ② (3) ③ (4) ③ (5) ② (6) ① (7) ① (8) ① (9) ② (10) ②

받침

1. (1) ② (2) ① (3) ① (4) ① (5) ② (6) ②

문장 만들기

1. (1) ① (2) ② (3) ② (4) ①

1과

들어 봅시다

티엔 마이클 씨, 안녕하세요?
마이클 티엔 씨, 안녕하세요?
티엔 김 선생님 사무실은 2층입니까?
마이클 아니요. 3층입니다.
티엔 3층 몇 호입니까?
마이클 3층 13호입니다.
티엔 김 선생님 전화번호는 무엇입니까?
마이클 010-4372-1586입니다.
티엔 고맙습니다.

2. (1) ② (2) 010-4372-1586

읽고 써 봅시다

2. (1) 에릭 박입니다. (2) ① 아니요 ② 아니요

2과

들어 봅시다

요코 민수 씨는 무엇을 합니까?
김민수 저는 태권도를 가르칩니다. 요코 씨는요?

요코 저는 요즘 한국어를 배웁니다.
김민수 한국어 공부가 재미있습니까?
요코 네, 재미있습니다. 그렇지만 조금 어렵습니다.
김민수 한국 생활은 어떻습니까?
요코 좋습니다.

2. (1) ② (2) ②

읽고 써 봅시다

2. (1) ① 아니요 ② 네 (2) ③

3과

들어 봅시다

박영민 여보세요?
마이클 영민 씨, 저 마이클입니다. 제가 지금 회사 밖에 있습니다.
그런데 지갑과 열쇠가 가방 안에 없습니다. 혹시 지갑이 제 컴퓨터 옆에 있습니까?
박영민 컴퓨터 옆에요? 컴퓨터 옆에 없습니다. 아, 여기 의자 밑에 있습니다.
그런데 열쇠는 없습니다.
마이클 열쇠가 책상 위에 없습니까?
박영민 책상 위에 없습니다.
마이클 그러면 서랍 안에 없습니까?
박영민 여기 서랍 안에 있습니다.
마이클 아, 그래요? 정말 고맙습니다.

2. (1) ① 의자 밑에 표시 ② 서랍 안에 표시 (2) ① 아니요 ② 네

읽고 써 봅시다

2. (1) 책상과 컴퓨터 (2) 정원 (3) ① 네 ② 아니요 ③ 네

4과

들어 봅시다

요코 아주머니, 안녕하세요? 제가 요코입니다.
하숙집 아주머니 요코 씨, 만나서 반갑습니다. 이 방이 요코 씨 방입니다.
요코 네, 고맙습니다. 아주머니, 아침 식사 시간은 몇 시입니까?
하숙집 아주머니 평일에는 7시부터 8시까지 아침 식사 시간입니다.
그렇지만 토요일과 일요일에는 7시부터 9시까지 아침을 먹습니다.

요코 저녁 식사 시간은 언제입니까?
하숙집 아주머니 저녁 식사 시간은 6시부터 7시까지입니다.
그리고 밤 11시에 하숙집 문을 닫습니다. 밤 11시까지 들어오세요.
요코 네, 알겠습니다. 앞으로 잘 부탁합니다.

2. (1) ③ (2) 밤 11시 (3) ③

읽고 써 봅시다

2. (1) ② (2) ③

5과

들어 봅시다

이치로 나타샤 씨는 주말에 운동해요?
나타샤 아니요, 운동을 안 해요. 주말에 바빠요.
이치로 그래요? 주말에 외출해요?
나타샤 네. 토요일에 외출해요. 친구를 만나요.
이치로 그러면 일요일에 뭐 해요?
나타샤 오전에 청소해요. 그리고 오후에 낮잠을 자요.

2. (1) 오전: 청소해요. 오후: 낮잠을 자요. (2) ①

읽고 써 봅시다

2. (1) ① (2) ③

6과

들어 봅시다

마이클 저, 실례합니다. 이 근처에 서점이 있습니까?
김수진 네, 지하철역 근처에 있습니다.
마이클 여기에서 어떻게 갑니까?
김수진 똑바로 가세요. 그리고 오른쪽으로 가세요. 우체국 맞은편에 서점이 있습니다.
마이클 여기에서 가깝습니까?
김수진 네, 가깝습니다.
마이클 정말 고맙습니다.

2. (1) ④ (2) ②

읽고 써 봅시다

2. (1) 파티 후 (2) ③

찾아보기 Index

지은이 소개 About the Authors

이정란 Lee Jungran 전 이화여자대학교 언어교육원 특임교수 Former Professor of ELC, Ewha Womans University

이민경 Lee Minkyung 이화여자대학교 언어교육원 특임교수 Professor of ELC, Ewha Womans University

황선영 Hwang Sunyoung 전 이화여자대학교 언어교육원 전임강사 Former Full-time Instructor of ELC, Ewha Womans University

장세영 Jang Seyoung 이화여자대학교 언어교육원 강사 Instructor of ELC, Ewha Womans University

황윤정 Hwang Yunjeong 이화여자대학교 언어교육원 강사 Instructor of ELC, Ewha Womans University

구재희 Koo Jaehee 이화여자대학교 언어교육원 강사 Instructor of ELC, Ewha Womans University

권경미 Kwon Kyongmi 전 이화여자대학교 언어교육원 강사 Former Instructor of ELC, Ewha Womans University

김현진 Kim Hyunjin 이화여자대학교 언어교육원 특임교수 Professor of ELC, Ewha Womans University

유선희 Ryu Sunhee 전 이화여자대학교 언어교육원 전임강사 Former Full-time Instructor of ELC, Ewha Womans University

윤영 Yoon Young 전 이화여자대학교 언어교육원 전임강사 Former Full-time Instructor of ELC, Ewha Womans University

이미혜 Lee Mihye 전 이화여자대학교 언어교육원 특임교수 Former Professor of ELC, Ewha Womans University

이수행 Lee Soohaeng 전 이화여자대학교 언어교육원 전임강사 Former Full-time Instructor of ELC, Ewha Womans University

Contents of MP3